AF356937

SPIRITISME PRATIQUE

APPEL DES VIVANTS

AUX

ESPRITS DES MORTS

Guide Vade-Mecum du Médium et de l'Evocateur

CONTENANT

DES CONSIDÉRATIONS GÉNÉRALES SUR LES MÉDIUMS ; LA FORMATION DU MÉDIUM PSYCHOGRAPHE OU ÉCRIVAIN ; LA MÉTHODE A SUIVRE DANS L'EXERCICE DE CETTE MÉDIUMNITÉ ; L'IDENTITÉ DES ESPRITS ; LES ÉVOCATIONS PARTICULIÈRES ; LE LANGAGE A TENIR AVEC LES INVISIBLES ; LES CONTRADICTIONS ; LES ÉCUEILS ET ÉPREUVES.

Par E.-V. EDOUX, Médium.

> « Mes bien-aimés ne croyez pas à tout
> Esprit, mais éprouvez les Esprits *pour*
> *savoir* s'il viennent de Dieu ; car
> plusieurs faux-prophètes sont venus
> dans le monde. »
> *Première Epître catholique de S. Jean*
> *apôtre, Chap. IV, V, 1.*

PARIS

CHEZ LES PRINCIPAUX LIBRAIRES

LYON

A LA LIBRAIRIE MODERNE, RUE IMPÉRIALE, 52
ET CHEZ LES PRINCIPAUX LIBRAIRES

1863

(TOUS DROITS RÉSERVÉS)

A M. ALLAN-KARDEC .

Recevez, très-cher Maître, le faible hommage de mon premier essai dans le vaste domaine du spiritisme.

A vous, à vos savants ouvrages je dois le peu que je sais sur cette science.

A vous l'expression sincère de toute ma gratitude.

E.-V. Edoux.

AUX BONS ESPRITS

QUI ONT BIEN VOULU M'ASSISTER.

—

Et vous, chers invisibles, puis-je vous oublier?..... Puis-je vous oublier vous surtout, ô mon père, qui n'ayant pu guider mes pas durant votre existence terrestre sitôt brisée, venez du monde des Esprits m'apporter le fruit de votre sagesse et de votre expérience !

Merci donc à vous tous, chers amis; merci de m'avoir trouvé digne de recueillir vos leçons !

Merci de vos conseils; merci de vos bontés, et prière de vouloir bien me les continuer!

E.-V. Edoux.

INTRODUCTION

Le spiritisme est aujourd'hui parvenu à une phase tellement vitale; il a pris des racines si profondes dans tous les rangs de la société, que les incrédules de bonne foi, c'est-à-dire ceux qui n'ont pas la témérité de nier *quand même*, commencent enfin à se dire : *Il pourrait bien y avoir quelque chose !*

Je n'ai point la prétention de répondre ici même aux objections sérieuses et loyales, encore moins à celles intéressées, ignorantes ou systématiques : les bornes que je me suis imposées dans cette brochure ne me permettant pas d'aborder la doctrine dans toute son étendue, il m'est impossible d'en résoudre toutes les difficultés.

Je renvoie donc les personnes désireuses de connaître à fond la science spirite et de lutter corps à corps avec le pour et le contre, je les renvoie aux deux savants et volumineux ouvrages que M. Kardec, aidé comme moi par les Esprits, a publiés sur cette vaste matière : LE LIVRE DES ESPRITS, partie philosophique; LE LIVRE DES MÉDIUMS, partie expérimentale.

Je m'adresse ici seulement aux médiums formés ou en voie de formation, pour les prémunir contre les difficultés, les dangers de la pratique, et aux personnes de bonne foi qui, ayant déjà quelques connaissances spirites préliminaires, voudraient se rendre compte par l'expérience de la force et de l'étendue médianimique dont Dieu les a douées.

J'aborde donc le sujet sans autre préambule, en prévenant les lecteurs qui ne seraient nullement initiés au spiritisme, de lire au préalable une brochure de M. Kardec intitulée : Qu'est-ce que le Spiritisme ? ou mieux : Le Livre des Esprits, s'ils veulent ou peuvent faire cette dépense.

DES MÉDIUMS.

Toute créature humaine est soumise à l'influence des Esprits d'une manière plus ou moins caractérisée : c'est dire que tous, tant que nous sommes, avons les rudiments d'une ou plusieurs facultés médianimiques.

Cette ou ces facultés, qui peuvent rester à l'état latent ou de sommeil si on ne cherche à s'en rendre compte et à les développer par l'exercice, deviennent quelquefois très-appréciables quand on les met à l'épreuve.

Mais nul, comme nous venons de le dire plus haut, ne saurait échapper à cette influence occulte : alors même qu'il l'ignore ou non, elle n'en existe pas moins, car le monde invisible réagit sans cesse sur le monde visible.

De là deux grandes classes de médiums :

1º *Médiums inconscients*, c'est-à-dire ceux dont une ou plusieurs facultés médianimiques restent à l'état latent par suite de l'ignorance où ils sont de ces mêmes facultés et par conséquent du non-exercice ;

2º *Médiums conscients*, c'est-à-dire ceux qui se reconnaissant une ou plusieurs facultés médianimiques, les développent par l'exercice ou les sacrifient par préjugé, fausse crainte, négligence ou mauvais vouloir.

Parmi les médiums conscients qui veulent se rendre compte de leur force et de leur étendue médianimique, il existe une catégorie dite : *Médiums psychographes* ou *écrivains*. C'est la seule dont je me propose de parler ici : En effet, après la conversation ou la parole vive, il n'est pas de moyen plus prompt, plus efficace et plus facile que l'écriture pour la transmission des pensées. Aussi bien, est-ce la médiumnité d'écrivain que chacun ambitionne et pour l'obtention de laquelle on fait de puissants efforts de courage et de patience.

Nous allons faire en sorte d'y préparer les personnes désireuses de la posséder, si Dieu le juge convenable, et mettre en relief les moyens les plus aptes à la diriger vers son véritable et unique but : l'amélioration des autres ou de soi-même.

I

Médiums écrivains. — Leur formation.

Nous parlerons d'abord de la formation *mécanique* du médium écrivain, c'est-à-dire de la manière d'arriver à cet heureux instant où le bras et la plume cèdent à l'influence occulte de l'Esprit évoqué et tracent des caractères.

Pour arriver à ce résultat préliminaire mais non toujours indispensable, comme on le verra plus loin, il faut s'armer de courage et de patience ; car si l'effet désiré s'obtient quelquefois dès le début, il peut souvent se faire attendre des mois et des années.

Il n'existe pas de formule déterminée pour faire l'évocation d'un Esprit ; chacun la fait comme il l'entend, et selon ce que lui dicte son cœur ; il suffit d'être calme, recueilli et de prier avec ferveur, non de bouche seulement, que Dieu permette à un de ses bons Esprits de venir jusqu'à vous et de vous faire écrire.

Cela fait, prenez une feuille de papier, un crayon ou une plume et mettez-vous en position d'écrire. Afin de faciliter le mécanisme, vous avez soin de tenir la pointe du crayon ou de la plume légèrement appuyée sur le papier, votre avant-bras élévé, et de n'opposer aucune résistance. Vous attendez ainsi patiemment, avec volonté ferme d'arriver au résultat et grande confiance en le pouvoir divin, que l'Esprit vous influence mécaniquement.

Essayez pendant six mois, un an s'il le faut, dix minutes tous les jours, à une heure déterminée et loin de tout bruit ; soyez toujours sans impatience ni découragement ; ayez grande confiance en Dieu et ses bons Esprits ; faites quelques bonnes œuvres, la charité surtout, et quelques bonnes actions à l'intention de voir se développer le mécanisme : vous serez souvent récompensé de votre persévérance.

Toutefois, si après un certain laps de temps, vous n'éprouvez aucun frémissement dans votre bras, ce qui serait le signe avant-coureur d'une médiumnité *semi-mécanique* ou *mécanique*, et qu'indépendamment de cela vous ressentiez l'influence d'idées qui ne vous seraient pas habituelles, vous ne devez pas hésiter à les traduire par l'écriture. Vous commencez par la médiumnité *intuitive*, pour finir le plus souvent par celle *semi-mécanique* et quelquefois complétement *mécanique*.

Le médium *intuitif* est celui dont les idées seulement sont influencées par l'Esprit désincarné et cela à l'exclusion complète du mécanisme : dans ce cas, la volonté propre du médium donne l'impulsion au bras ; mais ce médium se rend compte de l'influence occulte sur ses idées. En un mot, il est *sciemment* inspiré.

Le médium *semi-mécanique* perçoit l'influence occulte et par ses idées et par le mécanisme, c'est-à-dire la marche involontaire du bras.

Enfin, le médium complétement *mécanique* perçoit cette influence seulement par le mécanisme : c'est une machine que l'Esprit désincarné maîtrise à volonté ; à tel point, que ces médiums peuvent causer sur des choses tout-à-fait étrangères à ce qu'ils écrivent, avec les personnes qui les entourent, et cela, pendant que leur bras marche avec une vitesse souvent surprenante. En d'autres termes, l'Esprit désincarné emprunte pour un instant le corps de ces médiums, se met au lieu et place de l'Esprit de ces derniers et se sert de ce corps comme s'il était sa propriété.

Je suppose donc que vous soyez arrivé à cet instant si désiré de médiumnité consciente intuitive, semi-mécanique ou complétement mécanique : voici le moment d'étudier, de vous observer, de régler votre faculté de telle sorte que les dangers ou difficultés de la pratique n'existent plus pour vous et que les épreuves ne puissent ni vous décourager ni vous faire dévier du droit chemin.

Pour arriver à ce double résultat, il faut d'abord vous rendre compte des garanties exigées pour que les plus grandes entraves soient évitées et que votre médiumnité réponde aux desseins de Dieu. Or, ces garanties vous les trouverez dans les trois articles suivants et qui terminent ce chapitre :

1º Dans vous-même ou votre personnalité ;

2º Dans le milieu où vous agirez ;

3º Dans le but que vous vous proposerez.

Les chapitres qui suivront celui-ci contiennent des instructions complémentaires relatives aux difficultés, aux exigences et aux dangers de la pratique.

ARTICLE I. — **Dans vous-même ou votre personnalité.**

En ce qui regarde sa personnalité, le médium écrivain devra s'observer :

1º Sous le rapport du mécanisme ou exercice pur et simple de sa faculté ;

2º Sous le rapport du sens moral et intellectuel.

§ 1. — Quant au mécanisme ou le fait d'écrire, il faut considérer le temps rationnel et normal à consacrer aux expériences, ainsi que les moments où il convient le mieux de les faire.

Il est imprudent de persister *quand même* dans les exercices mécaniques, si l'Esprit vous fait continuellement tracer des signes ridicules, incompréhensibles. Dans ce cas, et après quinze jours ou un mois d'essais infructueux pour arriver à vous comprendre ou vous faire comprendre, vous devez interrompre les exercices avec cet Esprit. Quelques jours après, vous essayez de nouveau en ayant soin d'adresser une fervente prière à Dieu et d'évoquer un bon Esprit : Si le résultat n'est pas meilleur, c'est-à-dire que vous ne puissiez vous comprendre ou vous faire comprendre, cessez entièrement : vous êtes médium, mais médium *improductif*. Plus tard, peut-être, votre médiumnité se développera au moment où vous y songerez le moins. Quant à vouloir la forcer, ce serait s'exposer à de graves dangers.

Mais admettons que vous soyez parvenu à vous lire et vous comprendre : il serait encore dangereux de chercher à tout propos, sans but déterminé, à communiquer avec le monde occulte, *seulement* pour le plaisir ou la passion de correspondre avec lui. Les médiums novices, surtout, se laissent facilement aller à ce défaut, et c'est ainsi que les plus belles facultés deviennent quelquefois l'instrument exclusif des Esprits du troisième ordre, dits inférieurs. (Voir *Identité des Esprits*, pages 15 et 16.)

S'il est indispensable de savoir modérer l'exercice de la médiumnité, il est très-utile de lui assigner des moments convenus. En effet, lorsqu'il s'agit d'évocations particulières, individuelles, ou de faire résoudre des questions ardues par un Esprit déterminé ou non, on se trouve très-bien de s'être préparé d'avance à la visite de cet Esprit : étant averti par cet appel anticipé, il se prépare, se consulte et se rend enfin à vos désirs d'une manière bien plus facile et plus confiante.

§ 2. — En ce qui touche le sens moral et intellectuel du médium, ne perdez jamais de vue ce proverbe : *Qui s'assemble se ressemble !* Si cet axiôme est reconnu vrai quand il s'agit de nos rapports mutuels ici-bas, il l'est de même relativement à ceux que nous pouvons avoir avec le monde invisible. Aussi, vous pouvez avancer hardiment que la valeur plus ou moins suivie des instructions est relative à la valeur morale ou intellectuelle du médium qui les obtient ; selon vos sentiments ou vos idées, vous attirerez des Esprits partisans de ces sentiments, de ces idées.

Quant au sens moral, ayez bonne volonté de pratiquer la vertu, de fuir le vice, de faire le bien pour le bien seulement, et vous obtiendrez des esprits élevés en morale qui viendront vous exhorter dans ces principes, les développer dans tout ce qu'ils ont de grand, de sublime, et enfin les rendre efficaces. *Orgueil, avarice, impureté*, ces éternels ennemis d'*humilité, charité, chasteté*, seront toujours les principaux obstacles au développement d'une bonne médiumnité. Tout homme est faillible, c'est vrai ; et si les bons Esprits ne se communiquaient qu'aux parfaits, il y aurait, hélas ! bien peu de médiums dignes de les recevoir. Mais Dieu tient compte de nos efforts et sait faire une large part à nos faiblesses. Tâchez seulement de pouvoir vous dire meilleur le lendemain que vous ne l'étiez la veille, et soyez persuadé que les bons Esprits vous assisteront avec joie.

Pour ce qui regarde le sens intellectuel, n'ayez point d'idées fausses, fixes, préconçues sur un sujet quelconque : les Esprits faux-savants et de vos opinions viendraient certainement les corroborer et leur donner un corps factice. Quand on veut s'éclairer sur un point quelconque mais toujours avouable, il faut faire abdication momentanée de ses idées propres à ce sujet, et prier Dieu avec ferveur qu'il veuille bien nous adresser un Esprit supérieur qui nous apporte la lumière.

Je dois faire observer qu'il ne suffirait pas à un médium de s'élever au sens intellectuel au détriment absolu du sens moral, pour être à peu près sûr d'obtenir de bons Esprits relativement à ce premier sens. Le sens principal, indispensable, c'est le sens moral ; le sens intellectuel est un heureux accessoire, mais rien de plus ; car on peut se passer de la science au monde des Esprits, jamais de la morale.

Il est donc évident qu'un homme vicieux obtiendra *rarement* des Esprits bons ou supérieurs, cet homme serait-il le plus savant, le plus intelligent de l'univers ! Je dis *rarement*, parce qu'il arrive parfois qu'une personne immorale, méchante, hypocrite, reçoit de belles communications. Mais si, par intervale, un médium coupable obtient de belles choses et d'excellents conseils, c'est que les Esprits bons viennent à son aide et frappent à sa porte pour le réveiller. S'il reste sourd à leurs avertissements, ces bons Esprits finissent par se retirer tout-à-fait et l'abandonnent aux inférieurs, qui se l'arrachent comme une proie trop facile. L'homme bon, au contraire, n'entend pas seulement frapper à sa porte ; il reçoit les bons Esprits dans son cœur, et ces bons Esprits se plaisent à rester chez lui, car ils y trouvent sympathie.

ART. II. — Dans le milieu où vous agirez.

Vos idées sur la morale, la littérature ou les sciences seraient-elles justes, droites ; seriez-vous enfin un honnête homme et un homme intelligent ou érudit, que si vous agissez dans un milieu railleur, méchant, hypocrite, vos propres sentiments et idées seront influencés quand même par la tourbe d'Esprits de contradiction qu'attirent nécessairement les personnes qui vous entourent et aussi par les fluides contraires de ces mêmes personnes. De même que pour vous, en particulier, vous attirez les Esprits sympathiques à vos sentiments et vos idées ; de même chaque assistant, qu'il soit médium conscient ou inconscient, s'attire lui aussi des Esprits partisans de ses sentimeuts, de ses idées.

Si donc deux, trois ou un plus grand nombre de personnes se réunissent autour de vous dans le but arrêté d'épiloguer vos communications, contrarier vos expériences et votre bonne foi, il s'en suivra une gêne notable pour votre propre Esprit et pour les Esprits désincarnés qui voudraient vous assister. Le bon et le mauvais étant en lutte, vous obtiendrez des choses douteuses, insignifiantes ou quelquefois pires.

Il suit de ce que nous venons de dire que le milieu doit être de bonne foi, sans hostilité, sinon sympathique, enfin sans idées préconçues, arrêtées, sur les questions qui doivent être résolues par les Esprits.

Le silence, le recueillement et un grand respect pour les invisibles sont encore nécessaires afin de réunir toutes les garanties exigées en ce qui touche le milieu.

ART. III. — **Dans le but que vous vous proposerez.**

Lorsqu'on veut faire une évocation soit générale, soit individuelle, c'est-à-dire qu'on s'adresse à un Esprit non déterminé ou déterminé, il faut se proposer un but, sans quoi cette évocation n'aurait plus sa raison d'être.

Il arrive dans beaucoup de cas, qu'on laisse à l'Esprit déterminé ou non, le choix du sujet à traiter; mais il n'en est pas moins vrai que, même dans ces cas, vous devez vous proposer un but : celui d'obtenir une instruction profitable à votre prochain ou à vous-même. Ici, la seule chose à observer pour le médium comme pour l'assemblée, c'est la préparation par le recueillement, la prière et une grande confiance en Dieu.

Ces cas exceptés, on prépare d'habitude les questions et on les pose ensuite à un Esprit déterminé ou non. Or, il s'agit tout simplement, afin d'éviter les déceptions ou les dangers d'être fixé sur les questions dont il faut s'abstenir à tout prix, et sur celles qu'il est permis de soumettre.

Soyez persuadé qu'un bon Esprit ne saurait répondre aux questions ayant un but : *d'épreuve pour lui, d'intérêt pécuniaire pour vous ou pour autrui, de satisfaction déshonnête ou d'amour-propre, de curiosité, de futilité.* Vous obtiendrez certainement des réponses et des réponses souvent signées de l'Esprit que vous auriez pu déterminer; mais elles seront dignes de leur source : vous serez alors en conversation avec les Esprits du troisième ordre, dits inférieurs. Si vous ajoutiez foi en l'assertion de ces Esprits, vous feriez preuve d'une crédulité par trop facile. Quelquefois néanmoins, il pourrait se faire que vous obteniez des renseignements assez précis ; mais, outre que vous serez rarement bien renseigné, dans le cas où vous l'auriez été *par hasard,* ces Esprits n'auront agi de la sorte qu'afin de mieux vous abuser ensuite. Donc, il y a danger à poser de semblables questions.

Les bons Esprits répondent assez volontiers aux questions

suivantes quand elles sont dictées par de bons sentiments :

1° *A celles ayant pour but d'obtenir des renseignements généraux ou particuliers sur le monde spirite ;*

2° *A celles sur les maladies ;*

3° *Enfin à toute question qu'ils reconnaissent intéresser d'une manière directe ou indirecte l'avenir spirituel du médium ou de toute autre personne.*

Les points douteux de la science, de la morale, etc., sont quelquefois résolus par les Esprits supérieurs, toujours pourvu que l'intention soit bonne. Mais ici, il est essentiel de savoir se mettre en garde contre les faux savants.

Les Esprits bons peuvent, comme on le voit, aider les personnes désireuses de s'instruire et travaillant à ce résultat par leurs propres efforts. Ce qu'ils ne peuvent ni ne veulent, c'est encourager la paresse et faire d'un ignorant un Newton, un Bossuet, un Racine : l'homme se fait par lui-même ; les Esprits l'encouragent, lui applanissent les difficultés de la route, voilà tout. Quant à vouloir les assujettir à nos caprices et obtenir de leurs révélations des philtres magiques pour nous élever à la richesse, la science, les honneurs ou la puissance, c'est de la naïveté sinon davantage !

Le médium qui se conformera strictement aux instructions précédentes, réunira en lui et autour de lui toutes les garanties voulues pour que sa faculté ne lui occasionne aucune déception, aucun danger, et qu'elle réponde aux desseins de Dieu, en restant l'instrument exclusif de ses véritables messagers les Esprits bons, supérieurs et purs. Mais comme les Esprits inférieurs sont toujours aux aguets et qu'ils épient toutes les occasions possibles de tenter, d'abuser, il est de rigueur que ce médium puisse distinguer le vrai du faux, le bon Esprit d'avec le mauvais.

Le chapitre suivant a pour but de le mettre en rapport intime avec le monde occulte, de lui faire connaître l'hiérarchie de ses habitants et lui donner les moyens nécessaires pour enlever le masque à quiconque prétendrait vouloir le tromper.

II

Identité des Esprits.

ART. I. — **Au point de vue général ou de leur ordre.**

Dans les évocations générales, c'est-à-dire lorsqu'on évoque un bon Esprit non déterminé et qu'on lui laisse le soin de traiter un sujet de son choix ou imposé, il importe essentiellement de se rendre compte de la valeur de cet Esprit, pour que la communication obtenue puisse inspirer de la confiance.

Or, pour reconnaître sa valeur, il faut se baser :

1o Sur le langage tenu par lui ;

2o Sur les sensations qu'il fait éprouver au médium , si ce dernier est sensitif ;

3o Sur le médium voyant.

§ 1. — LE LANGAGE. — Le langage des Esprits est nécessairement en rapport avec leur élévation morale ou intellectuelle.

Afin de fixer les idées, on peut diviser les Esprits en trois grands ordres :

3me ordre, comprenant ceux dits inférieurs, depuis les plus bas jusqu'aux moins mauvais dans cet ordre ;

2me ordre, comprenant les Esprits bons jusqu'aux supérieurs ;

1er ordre, où sont les Esprits purs , jouissant de la plénitude du bonheur et de la vue de Dieu.

Parmi les Esprits du même ordre, excepté ceux du 1er

purs Esprits, il existe une infinité de nuances différentielles qu'il est impossible d'établir et de classer exactement. Aussi, ne pouvant faire cette classification que d'une manière approximative, il ne nous est point donné d'assigner au langage de tous les Esprits une teinte voulue pour en déduire le plus ou moins de danger, le plus ou moins de sécurité courus par le médium. Pour agir d'une manière plus sûre, à moins qu'il ne s'agisse *d'évocations individuelles, d'études spirites, ou de faire progresser un Esprit malheureux*, il est prudent de rejeter tous les individus du 3me ordre.

Vous reconnaîtrez les Esprits du 3me ordre à leur langage grossier, trivial, pédant, caustique, léger, etc., etc., enfin à tout mot, phrase, sentiment ou idée que désavoueraient les Esprits du 2me ordre.

Or, l'Esprit bon, 2me ordre, a un langage constamment digne, calme, noble, sans emphase ni aigreur ; les sentiments et les idées sont toujours conformes à la saine morale, élevés ou sublimes.

L'Esprit pur se communique très-rarement à l'homme de notre planète ; mais si un de nous est assez heureux pour converser avec lui, il obtiendra des communications relatives en valeur à l'élévation de cet Esprit. Les idées, surtout les sentiments, atteindront presque toujours le sublime et tout respirera amour et charité. Mais je le répète, il est bien difficile aux habitants de la terre d'obtenir *directement* de si grands Esprits.

Enfin, en ce qui regarde le langage, il en est parmi les Esprits comme parmi nous ; ce langage est en rapport avec leur situation morale ou intellectuelle. Avec un peu d'habitude, d'intelligence, d'instruction et de prudence, on arrive souvent, à l'inspection du discours seulement, à déterminer l'ordre et approximativement les classes dans cet ordre.

§ 2. — Les Sensations. — Les sensations peuvent être d'une grande utilité pour la constatation de l'identité générale ou des ordres, lorsque le médium ressent l'approche de l'Esprit et l'impression bonne ou mauvaise que ce dernier lui fait éprouver.

La grande règle générale, la seule dont on puisse garantir l'exactitude dans tous les cas et chez toutes les natures, la voici :

Un Esprit du 3me ordre, c'est-à-dire inférieur, fait ressentir une mauvaise impression, un flair d'impureté, un malaise général plus ou moins intense, selon son degré d'infériorité et le développement de la sensitive chez le médium.

L'Esprit du 2me ordre, c'est-à-dire depuis le bon jusqu'au supérieur, fait éprouver, au contraire, une bonne impression et un bien-être général relatifs à son élévation et toujours au développement de la sensitive.

Enfin, l'Esprit pur, si un de nous peut se flatter de l'obtenir, augmente la sensation de bien-être quelquefois jusqu'à l'extase. L'histoire sacrée cite nombre de cas où des Esprits purs ont produit l'extase chez certains prophètes et dicté leurs écrits.

Il est impossible d'assigner une règle fixe pour tous les médiums, en ce qui regarde les nuances de sensations bonnes ou mauvaises, et applicables aux diverses classes d'Esprits du 3me et 2me ordre : ces nuances peuvent offrir des variétés dans leurs sensations bonnes ou mauvaises, selon les qualités intimes de l'Esprit incarné, c'est-à-dire le médium.

L'essentiel, comme nous l'avons dit, c'est que tout médium sensitif, n'importe la nature intime de son Esprit propre, puisse reconnaître à quel ordre appartient l'invisible qui le fait écrire ; il le reconnaîtra d'après l'impression *bonne* ou *mauvaise*.

Le médium sensitif devra s'observer dans les diverses nuances de sensations bonnes ou mauvaises ; il les relèvera avec soin, en fera un état qu'il pourra consulter lorsque la même nuance se reproduira, se l'appliquera à lui seul telle qu'elle se présentera, et parviendra ainsi à constater plus tard les classes dans les ordres et les individualités dans les classes.

§ 3. — LE VOYANT. — Le médium voyant est celui qui a le don de voir les Esprits et de donner quelquefois des détails très-minutieux sur leur individualité. Le voyant verra les Esprits, soit à l'état d'Esprits, soit dans leur dernière incarnation, c'est-à-dire tels qu'on les aura connus sur la terre.

Quand il s'agit de distinguer les ordres ou les classes, le voyant se trouve alors le plus souvent en présence d'un corps fluidique, vaporeux.

Ici, nous ne pouvons établir aucune règle applicable dans tous les cas et à tous les voyants. Le voyant doit se servir à lui-même de règle : il fera pour les ordres et les classes ce que doit faire le médium sensitif pour les classes et les individualités. En effet, selon la nature intime de son Esprit propre, ce médium pourra voir des fluides gris, verts, rouges, bruns, lorsqu'un autre verra ces mêmes fluides blancs, bleus, noirs, marrons.

L'essentiel, l'indispensable, lorsqu'on veut baser une preuve d'identité sur le médium voyant, c'est qu'il soit reconnu bon et qu'il ait fait corroborer sa faculté par le langage et les sensations. Peu importe alors qu'il voie différemment qu'un autre, pourvu qu'il soit en mesure de constater et de faire constater ses assertions.

Du jour où le voyant se sera rendu compte par l'expérience des faits des diverses couleurs sous lesquelles les fluides lui apparaissent, il agira comme le médium sensitif : il les décrira, en fera un état qu'il s'appropriera à lui seul sans s'occuper comment les autres voient. C'est ainsi qu'il pourra se rendre très-utile, non-seulement en constatant les ordres d'Esprits, mais encore les classes et les individualités.

ART. II. — Au point de vue de leur individualité.

L'identité individuelle est une des grandes difficultés de la pratique ; mais on peut souvent arriver à une certitude morale.

Les seuls moyens de contrôle connus jusqu'à ce jour sont les mêmes que ceux employés pour la constatation des identités générales, modifiés cependant dans leur application.

§ 1. — Le Langage. — Les idées sur un sujet quelconque, qu'elles soient fausses ou justes, sont très-souvent un bon moyen pour reconnaître une individualité. En effet, les Esprits récemment désincarnés ou ceux encore non dématérialisés, malgré l'époque plus ou moins éloignée de leur dernière mort charnelle, caressent avec joie leur ancienne manière de voir et cherchent à la faire triompher en la transmettant à un médium, cette manière de voir serait-elle, d'ailleurs, quelquefois absurde.

Quand il s'agira d'une grande célébrité littéraire ou autres reconnues telles, observez le style, les expressions, les idées, et voyez si ces grands Esprits ne désavoueraient pas ce qu'on leur attribue. Dans ces évocations, toutefois, il faut bien considérer la valeur du médium! Il est évident que les Esprits supérieurs en intelligence seront infiniment mieux à leur aise et pourront ainsi se montrer sous leur véritable jour, avec un médium instruit, intelligent, qu'avec un autre ignorant et sans aucune intelligence. Mettez entre les mains d'un Paganini, d'abord un mauvais violon d'enfant, puis un Stradivarius, et jugez sur la différence des sons! Il n'en est pas moins vrai, cependant, que vous avez entendu le même artiste, la même individualité. Tel se montre l'artiste selon la bonté de son instrument, tel l'Esprit désincarné selon la valeur du médium.

Si vous évoquez un contemporain, parent, ami ou autre que l'un de vous aura connu, observez attentivement s'il ne se trouve dans la communication signée de lui, aucun mot, expression ou idée qui lui fussent habituels de son vivant sur la terre. Ces Esprits se servent souvent de ce moyen pour se faire reconnaître, et il ne faudrait pas conclure qu'ils ne sont pas encore dématérialisés parce qu'ils auraient émis des idées ou des mots douteux. Dans ce cas *seulement*, il serait téméraire d'induire que l'Esprit est aux inférieurs, alors même qu'il aurait fait écrire des choses non avouables par un bon Esprit. Il peut être inférieur comme ne pas l'être, malgré ce langage de circonstance ; car ici, c'est un moyen dont il se sert et qu'il *emprunte momentanément* à seule fin de se faire reconnaître. Du reste, cet Esprit, après avoir été reconnu, prend le langage qui convient à sa hiérarchie.

Il existe encore mille autres petites circonstances rappelées qui font souvent dire : C'est lui! Enfin, une sympathie soudaine qu'on ne peut s'expliquer, mais qui vous saisit au cœur, vous crie quelquefois intérieurement : Oui, je le reconnais. Un père, une mère, etc., se font souvent connaître par les personnes qui leur sont chères en utilisant cette transmission fluidique-électrique de leur pensée, qui va commotionner ces dernières sans qu'elles s'en doutent.

C'est également un langage que cette sympathie, langage occulte et incompris pour beaucoup, mais que les âmes d'élite comprennent parfaitement.

§ 2. — Les Sensations. — Les sensations seront très-utiles pour déterminer l'individualité, si le médium sensitif a eu le soin, comme nous l'avons recommandé, de faire un état des diverses nuances de sensations éprouvées par lui à l'approche des Esprits et sait se les appliquer. Si l'individualité se présentait pour la première fois, il est évident que le sensitif ne saurait être d'aucun secours pour établir une preuve d'identité. Nous supposons que dans les mille nuances observées et relatées, se trouve celle éprouvée de nouveau dans tel ou tel cas.

Or, le médium sensitif servira de grande preuve ponr l'identité individuelle s'il a déjà éprouvé et éprouve de nouveau :

1° Même nuance bonne ou mauvaise de sensation générale et de sympathie ;

2° Même lourdeur ou même légèreté du bras, de l'avantbras, de la main ou de la tête ;

3° Même force active et même degré de vitesse dans le fluide spirite qui le fait écrire ;

4° Même formation dans les caractères calligraphiques ;

5° Mêmes parties du bras, de l'avant-bras ou de la main influencées par l'Esprit, et même mode de l'être ;

6° Enfin mêmes petits détails que tout médium sérieux désirant s'instruire, ne saurait laisser dans l'ombre et qu'il est impossible de classer ici.

§ 3. — Le Voyant. — Le médium voyant verra quelquefois l'individualité demandée à l'état d'Esprit, c'est-à-dire fluidique, et le plus souvent telle qu'on l'aura connue sur la terre.

Je dois faire observer que les Esprits supérieurs se présentent presque toujours à l'état spirite ; les contemporains, quand il s'agit de parents, amis ou connaissances, se montrent tels qu'ils étaient sur la terre, afin de mieux se faire reconnaître.

Dans le cas où le voyant se trouvera en présence d'une individualité fluidique, il doit agir pour ces fluides absolument comme le sensitif pour les nuances dans les sensations, c'est-à-dire qu'ayant relevé les couleurs et les nuances dans les couleurs, il se rendra compte s'il les a déjà vues, telles qu'elles se montrent de nouveau, et, dans ce cas, pourra conclure à la même identité individuelle.

Si le voyant est en présence d'un Esprit ayant revêtu la forme qu'on lui a connue sur la terre et qu'il donne jusqu'aux moindres détails de cette individualité, de manière à faire dire aux personnes qui l'auraient connue : « C'est cela, » il est évident que la preuve d'identité sera plausible.

OBSERVATIONS.

On objectera sans doute à tout ce que nous venons de dire sur les preuves d'identité : Mais les Esprits malins, farceurs, méchants ou autres, peuvent parfois et souvent imiter le langage, l'écriture, changer les fluides, modifier les sensations ? Si vous admettez encore, et vous devez l'admettre, que ces Esprits aient le pouvoir de lire dans notre pensée, quelle garantie sérieuse prétendez-vous trouver dans les preuves que vous avez établies ?

L'objection est plus spécieuse que vraie, et je vais tâcher de le prouver par le raisonnement.

Je ne dirai pas, certes, que les Esprits inférieurs ne puissent se substituer et ne se substituent souvent au lieu et place des bons ou d'autres de leur ordre ; mais ce que je nie, et ce que je me crois en droit de nier, c'est que les preuves d'identité posées dans ce chapitre ne soient pas, généralement parlant, une garantie sérieuse contre les difficultés de la pratique; et ce que je nie encore, c'est qu'on ne puisse pas démasquer les fourbes et les forcer à céder la place aux ordres, classes ou individualités demandées.

Je ne crains pas d'avancer d'abord qu'il serait plus fatigant pour les Esprits farceurs de *toujours* vouloir nous tromper, alors qu'ils savent qu'on peut *presque toujours* les démasquer, qu'il ne le serait pour nous de *toujours* être trompés et *presque toujours* les démasquer.

Ceci admis, reste à savoir si nous pouvons *presque toujours* les démasquer.

En ce qui regarde le *langage* dans les évocations générales, c'est-à-dire alors qu'on fait appel à un bon Esprit non déterminé, et qu'on lui laisse le soin de traiter un sujet de son choix, il peut arriver et il arrive souvent qu'un Esprit inférieur se présente à son lieu et place pour faire écrire le médium et par ainsi l'abuser. Mais voyons si cet esprit inférieur pourra si bien se grimer, au point qu'il imite à s'y méprendre le langage que doit tenir un bon Esprit ou Esprit supérieur? Essayez donc, si vous êtes un sot ou un pédant, de vous exprimer comme un philosophe ou comme un grand orateur? Essayez donc, si vous êtes vicieux, hypocrite, si vous avez le cœur rongé par les mauvaises passions, de peindre la morale commme le ferait un cœur pur et uni comme un ciel bleu sans étoiles? Avouez qu'un Esprit inférieur ne saurait changer sa nature et par conséquent l'expression de langage correspondante à sa nature ; s'il abuse les imprudents ou les incapables (cela se voit tous les jours), il lui est impossible de jouer longtemps serré à un tel jeu avec un médium prudent, intelligent, expérimenté. Donc nous pouvons *presque toujours* démasquer les fourbes et les repousser. Voilà pour le *langage*, en ce qui touche les ordres et les classes.

Et toujours pour le *langage*, mais relatif aux évocations individuelles? J'avouerai ici qu'un Esprit inférieur peut *quelquefois* imiter à s'y méprendre le langage d'un contemporain parent, ami, connaissance ou autre; mais faut-il encore que l'esprit hypocrite possède un fonds moral ou intellectuel absolument identique à celui qu'on demande; car, dans le cas contraire, le médium le démasquerait par les mêmes raisons que celles qui viennent d'être exposées précédemment. Or, trouver même fonds moral et intellectuel chez deux individualités spirites, c'est assez rare; mais admettons que le cas se présentant, il y ait tentative d'abuser! Ne trouvez-vous pas que ce serait une véritable torture pour ces pauvres Esprits d'être constamment aux aguets, de s'épier l'un l'autre, de nous épier nous-même, de lire dans notre pensée, de s'enquérir à droite ou à gauche si l'Esprit de Pierre ou de Paul parlait de telle sorte, aimait sa famille, avait telles ou telles habitudes, avait dit ceci, cela, à telle ou telle époque! dans quel but ces Esprits agiraient-ils ainsi, en supposant qu'ils se donnent cette peine? Pour se distraire! Singulière distraction que celle de concentrer sa volonté souvent vers un but chimérique! Pour se venger!... Singulière vengeance que celle qui consiste toujours à se mettre à la torture pour revêtir un masque qu'une simple circonstance pourra faire tomber! Pour le plaisir de faire le mal!... On ne saurait trouver plaisir à faire le mal quand on n'est pas sûr de le *faire*, et alors qu'il occasionne tant de peine!...

D'ailleurs, soyez persuadé que lorsqu'il s'agit de l'évocation d'un père, d'une mère, d'un parent, d'un ami, et que le but est *louable*, Dieu ne saurait permettre ces mystifications douloureuses. Il y en a qui répondront : Mais de quel droit invoquez-vous le nom de Dieu et le faites-vous intervenir dans le *sacrilége* commerce que vous avez avec les morts? Sur ce point, j'ai peu de chose à dire : ce n'est pas ici le cas. Je ne veux ni ne peux, dans cette brochure, discuter la question de savoir si, même en nous appuyant sur les ouvrages où on puise les preuves de notre prétendu sacrilége, nous n'en trouverions pas à notre tour qui prouvent le contraire! Mais, admettez à titre de simple hypothèse, bien entendu, que nous soyons pour vous ou pour d'autres des sacriléges! nous vous dirons tout simplement : Nous croyons bien faire et nous faisons selon ce que notre *conscience* nous dit de faire. Maintenant dites, si vous l'osez, que Dieu juste doit punir la *bonne foi !*

Quant aux preuves d'identité que je base sur les sensations et les fluides, je vous dirai que ces sensations et fluides, bien que modifiés dans leurs nuances, selon les médiums, les milieux et le but, tiennent en ce qui regarde *le bon* ou *le mauvais* de ces sensations, et *la couleur une fois arrêtée* des fluides, tiennent, dis-je, à la nature intime de l'Esprit désincarné. C'est *l'enfer* ou *le paradis* plus ou moins terrible, plus ou moins heureux, que chaque invisible porte en lui et autour de lui (périsprit). Or, Dieu ne saurait permetttre que l'Esprit inférieur et puni s'affranchisse de sa peine et se transforme *longtemps* en ange de lumière ou Esprits du 2me ordre et 1er ordre. Les Esprits inférieurs s'essaient aux imitations dans les limites du possible : ils réussissent *quelquefois* à faire illusion *momentanément* au médium sensitif ou voyant, même reconnus bons; mais ils ne peuvent jouer serré à ce jeu de passe-passe, et quand on est prudent, expérimenté, il est facile de faire tomber un masque si mal assujetti. Voilà pour les ordres et les classes.

En ce qui touche les individualités, si vous avez compris ce qui a été dit à ce sujet (pages 20 et 21), vous serez bien forcé d'avouer qu'ici encore vous trouverez une garantie sérieuse dans la pratique. Il est évident toutefois que les nuances de sensations et de couleurs déjà constatées ne se montreront de nouveau les mêmes qu'autaut qu'il y aura garantie identique chez les médiums, le milieu et dans le but. Par garantie identique j'entends garantie exigée dans le chapitre Ier de cet ouvrage.

Il est donc permis de conclure que si le langage ne suffit pas toujours comme preuve d'identité générale et surtout individuelle, on doit trouver preuve morale quand viennent à l'appui les sensations et le Voyant. Ces trois preuves se complètent, se corroborent mutuellement et on peut ainsi arriver très-souvent à des résultats moraux aussi concluants pour moi que s'ils étaient mathématiques.

Enfin, je le répète, si dans les évocations individuelles, on trouve quelquefois de sérieuses difficultés pour établir, d'une manière sûre, l'identité, vous devez vous dire : Non, si le but est *louable*, Dieu ne saurait permettre que je sois mystifié, à moins qu'il ne veuille exercer un instant ma patience et mettre à l'épreuve ma médiumnité ; de plus dites hardiment : Pourquoi un Esprit auquel je ne songe nullement et que je repousse même de toute la force de mon libre arbitre et de la prière, pourquoi cet Esprit viendrait-il plutôt que l'Esprit évoqué, et lequel j'appelle de tous mes vœux?.....

III

Evocations particulières.

Il est tout naturel qu'un médium désire communiquer avec un père, une mère, un parent, un ami; d'autrefois ce médium pourra se voir prié de servir d'intermédiaire entre un Esprit étranger pour lui, mais cher au souvenir de ceux qui demandent cette évocation.

Outre que dans ces deux cas, c'est-à-dire qu'il agisse pour lui-même ou pour d'autres, le médium devra se conformer aux instructions générales contenues dans la brochure, il faudra qu'il s'observe d'une manière toute particulière sur les deux points qui suivent :

ART. I. — En ce qui regarde son genre de médiumnité physique.

Le médium *polygraphe*, c'est-à-dire celui qui change d'écriture selon l'Esprit désincarné par lequel il est influencé, est apte aux évocations particulières et de n'importe quelle individualité, en ce sens qu'il peut corroborer puissamment les preuves d'identité mentionnées dans le précédent chapitre; en effet, quelquefois il reproduira le même genre de signature et d'écriture que celui connu à l'Esprit de son vivant sur la terre.

Le médium *flexible* est avantageux, en ce sens qu'ayant la faculté de communiquer indistinctement avec presque tous les esprits d'une manière *directe*, il fait tomber de prime abord la barrière fluidique existant quelquefois entre un autre médium et l'Esprit désincarné.

Le médium *exclusif* est l'opposé du médium *flexible :* celui-là ne communique habituellement qu'avec deux Esprits ou le même Esprit.

Mais il ne faudrait pas en conclure que le médium *exclusif* ne puisse être apte aux évocations particulières ou individuelles; dans ce cas, l'Esprit évoqué transmet ses réponses à l'Esprit habituel du médium. Seulement, quand on a le choix, il vaut mieux se prononcer pour le médium *flexible*.

Il est toujours très-utile, je dirai même presque indispensable, que les médiums, qu'ils soient polygraphes, flexibles ou exclusifs, adressent une prière fervente à Dieu d'abord, puis à leur Esprit protecteur ainsi qu'au familier, afin de demander avis à ces derniers pour savoir si l'évocation projetée est possible. Soyez persuadé que, si le but de l'évocation est louable, votre protecteur fera répondre par le familier ou répondra lui-même; ils vous diront l'un ou l'autre si l'Esprit que vous demandez peut venir, est là et doit se communiquer. C'est le vrai moyen d'éviter ainsi bien des entraves, des déceptions et quelquefois des mystifications qui nuisent à la cause spirite auprès des personnes peu versées dans cette science.

ART. II — En ce qui regarde le motif qui vous guide.

Lorsqu'on vous priera de faire une évocation, donnez *gratuitement* ce que vous avez reçu *gratuitement*. Ainsi donc, outre que vous devez toujours considérer si le but de l'évocation est louable de la part de celui qui vous aura prié de la faire, vous devez considérer si le vôtre est intéressé ou non !

S'il est intéressé, malheur à vous ; votre faculté se détériorera, se faussera; et plus tard, vous serez puni sévèrement au monde des Esprits, quelquefois même ici-bas, de ce que vous aurez *trafiqué* un don si grand mais si *gratuit*.

Je ne voudrais pas qu'on s'imagine cependant que, dans aucune circonstance, il n'est permis de recevoir une gratification pécuniaire ou autre : ainsi, par exemple, si un médium sacrifie aux personnes qui l'en prient, un temps indispensable à lui fournir le pain de chaque jour, il est évident que ce médium peut sans aucun scrupule recevoir un dédommagement relatif au gain perdu , grâce à ses complaisances vis-à-vis de ceux qui les réclament ; le tout est de comprendre les choses et de ne pas se jeter dans les extrêmes.

Dieu regarde *l'intention ;* voilà le véritable phare vers lequel tout médium doit constamment porter ses regards.

IV

Langage à tenir avec les Esprits et manière de se comporter avec eux.

Si nous nous permettons, — et notre sécurité l'exige, — si nous nous permettons d'étudier, de disséquer le langage que les Esprits tiennent avec nous , il est tout naturel qu'ils nous paient de réciproque et considèrent à leur tour celui que nous tenons avec eux.

Quand il s'agit d'Esprits inférieurs ou du 3me ordre, il faut remarquer dans quel but ils se communiquent. S'ils viennent pour demander des prières, pour que vous vous intéressiez à leur position malheureuse, la charité et le respect que nous devons à la souffrance vous font un devoir de les encourager, de les moraliser et de leur faire entrevoir un meilleur avenir et un soulagement dans leurs tortures. Dans le cas où ces mêmes Esprits se proposent de vous mystifier et de vous faire entrer dans une mauvaise voie en vous *fascinant,* vous *obsédant,* vous *subjuguant* (voir page 32), vous devez d'abord les moraliser, leur faire comprendre, si c'est possible, qu'ils agissent mal et que Dieu les punira sévèrement en augmentant et prolongeant leurs peines ; s'ils montrent des tendances d'humilité , de repentir et qu'ils persistent dans cette bonne voie, comportez-vous avec eux comme nous venons de le dire en ce qui touche les malheureux qui vous implorent. Mais s'ils vous trompent par des dehors hypocrites ou qu'ils s'avouent franchement hostiles , ce qui vaut encore mieux pour vous, renvoyez-les au nom de votre libre arbitre et du Dieu qui les attend ; puis vous devez prier ce Dieu de miséricorde de laisser tomber sur eux un rayon de clémence et de les pardonner.

Quant aux Esprits bons et purs, 2me et 1er ordre , les condescendances qu'ils ont pour vous doivent vous servir de règle de conduite en ce qui regarde le langage à tenir et la manière de se comporter avec eux. Parlez-leur comme vous parleriez à un monarque ; ils sont spirituellement vis-à-vis de vous ce qu'est matériellement un roi ici-bas : humilité et respect, voilà ce que vous leur devez.

Ces bons Esprits ne se formalisent pas toutefois de ce que vous cherchez par tous les moyens possibles à reconnaître leur supériorité; ils désirent au contraire, ils veulent même que vous les poussiez jusque dans les derniers retranchements, que vous les mettiez à l'épreuve de leur bonté ou de leur savoir, afin que vous soyez bien convaincus que vous n'êtes pas en rapport avec des inférieurs. Une fois cette certitude obtenue, vous devez les remercier de leur bienveillante patience et vous comporter avec eux comme il a été dit plus haut.

Il est quelquefois utile, dans l'intérêt des études spirites, de converser avec des Esprits inférieurs hypocrites, méchants, légers, malins, etc. Avec ces Esprits, lorsqu'ils veulent rester dans un rôle qui ne leur appartient pas, vous pouvez jouer à qui mieux mieux et faire assaut d'adresse, de malice et de subtilité.

Contradictions dans le langage des Esprits.

Les contradictions dans le langage des Esprits prennent leur source soit dans la différence hiérarchique existant entre eux, soit dans les milieux où sont obtenues les communications, soit enfin dans le médium par qui elles sont obtenues.

Toute personne initiée aux choses du spiritisme, ne saurait ignorer qu'il y a plusieurs ordres d'Esprits et plusieurs classes dans ces ordres (*voir* Identité des Esprits, *pages* 15 *et* 15). Il est donc évident que deux communications sur le même sujet, obtenues l'une par des Esprits inférieurs, l'autre par de bons Esprits, présenteront des différences non-seulement dans la forme mais encore souvent dans le fond. Les Esprits ou âmes des morts ne sauraient évidemment être tous également avancés en morale, en intelligence : l'Esprit, en se dépouillant de son manteau terrestre, ne saurait trouver au monde invisible ce qu'il n'a pas acquis en morale ou intelligence sur notre planète. Ainsi, lorsqu'on trouvera une différence soit dans les principes de la science spirite, soit dans le fond d'une même question, la première hypothèse à établir, c'est que les Esprits qui ont parlé sur le même sujet étaient d'un ordre différent.

Il peut arriver, cependant, que des Esprits du même ordre, de la même classe et souvent la même individualité, paraissent se contredire sur des points quelquefois très-sérieux ! d'où vient cela ? Faut-il en conclure que la science spirite marche à tâtons et ne peut s'étayer sur des bases solides ? Nullement.

Les dissidences dans le langage, quand elles se présentent à propos du même ordre, même classe ou même individualité (2me et 1er ordre), ont pour cause soit le milieu où la communication aura été obtenue, soit le médium par qui elle aura été obtenue.

En effet. comme on l'a vu dans le chapitre I de cette brochure, les milieux antipathiques, hostiles, à idées fausses ou préconçues, etc., influencent non-seulement l'Esprit propre du médium, mais encore l'esprit désincarné qui vient le faire écrire : c'est une espèce de commotion fluidique, de transmission électrique de la pensée qui vont altérer le vrai, lui donnner un air de fausseté et quelquefois le dénaturer complétement.

Si donc des Esprits du même ordre, de la même classe ou la même individualité (2me et 1er) agissent dans des milieux différents dont l'un réunira les qualités voulues et l'autre sera hostile, il est évident que la même communication sur le même sujet pourra présenter des différences sensibles soit dans les nuances, soit dans les conclusions, mais jamais dans le fond.

Il est encore un autre motif puissant, les milieux réuniraient-ils toutes les garanties désirables, où les Esprits pourront varier la couleur du langage, l'expression et même les conclusions. Admettez par exemple, que le même bon Esprit agisse dans un milieu sympathique chacun selon ses idées, mais divisé en deux camps ? Il est certain, qu'afin de ne pas brusquer *ex abrupto* les convictions de l'un ou de l'autre, cet Esprit restera dans un moyen terme et pourra ainsi se trouver gêné dans la manière de s'exprimer, et dans les conclusions à déduire, ce qui ne lui arrivera jamais, s'il agit dans un milieu *homogène* et à idées sympathiques.

En ce qui touche le médium, il faudrait que se soit le même qui agisse dans les différents milieux, pour que, s'il y a contradiction plus ou moins caractérisée, on soit en droit d'en tirer une conséquence fâcheuse pour le spiritisme. Car, nous avons vu que selon le degré d'intelligence, de moralité ou d'instruction chez le médium, l'Esprit s'élève à ses véritables ressources. De plus, si on considère les qualités requises pour les médiums, on comprendra combien il serait téméraire de rendre responsable le spiritisme de ces contradictions. En effet, ces qualités, chacun les réunit qui plus qui moins.

Il ressort de tout ce qui vient d'être dit que lorsqu'une contradiction plus ou moins importante se présentera dans deux communications signées d'un Esprit du même ordre, de même classe ou du même nom (Esprits du 2me et 1er ordre), il faudra conclure que l'une des deux communications est apocriphe si le fond est altéré, et qu'elle a été obtenue dans un milieu différent, c'est-à-dire ne réunissant pas les mêmes qualités, ou par un médium encore différent, si la contradiction existante présente des nuances plus ou moins caractérisées, bien qu'elle n'attaque pas le fond.

VI

Ecueils. — Epreuves.

Quiconque aura compris ce qui vient d'être dit jusqu'à présent et s'y sera conformé, aura toutes les chances possibles pour arriver à une belle médiumnité. Mais il ne faudrait pas en conclure que ce médium sera par cela même toujours à l'abri de tout écueil, de toute épreuve. Les principaux écueils sont évidemment vaincus par l'observation exacte des instructions contenues dans les chapitres précédents ; toutefois, il pourrait en surgir d'autres contre lesquels nous devons garantir l'adepte.

Il est même une chose à remarquer, c'est que, surtout dans les débuts de la médiumnité ou à l'époque de son plus grand développement, des épreuves qui peuvent devenir de véritables écueils, de véritables dangers, prennent une persistance et une intensité en rapport avec la valeur du médium, c'est-à-dire que le plus méritant est presque toujours le plus éprouvé ! Cela se conçoit : les Esprits inférieurs voyant uu adepte leur échapper et entrer dans la bonne voie, cherchent tous les moyens possibles et en leur pouvoir pour le faire succomber à l'œuvre et l'enlacer dans leurs filets. Mais l'homme fort, courageux, prudent et intelligent, sait résister à ces ténébreuses tentatives ; les prévoyant d'avance, il met sa confiance en Dieu, en les bons Esprits, et cherche à démasquer les fourbes, à les repousser, s'il ne peut toujours leur interdire son approche. Ces Esprits voyant alors qu'ils perdent leur temps, vont placer leurs batteries devant une place moins bien fortifiée, et les bons prennent définitivement le courageux médium sous leur bienveillante et efficace tutelle.

Nous allons esquisser à grands traits les principaux écueils, les principales épreuves et donner les moyens de ne pas succomber à leur atteinte, si parfois on en subissait la pression.

Pour éviter les écueils, le premier critérium consiste dans la lecture attentive des communications obtenues et le contrôle des identités. C'est, en effet, presque toujours par là que les Esprits inférieurs commencent leur attaque.

Les instructions ayant une bonne source seront reconnues par la constatation des identités spirites, c'est-à dire au moyen du langage, des sensations et du voyant (*voir* Identité des Esprits, *page 45 et suivantes*). Le médium dont les facultés intellectuelles ou la sensitive ne seraient pas assez développées pour contrôler par ses propres ressources les communications qu'il reçoit, devra éviter l'isolement et consulter plus instruit, plus expérimenté que lui. L'amour-propre serait ici très-mal placé, attendu que ce médium ne doit jamais perdre de vue que son rôle est toujours passif et qu'il n'est qu'un porte-plume entre les mains des Esprits. S'il ne veut pas s'exposer à de véritables dangers, il doit prendre conseil auprès des personnes plus avancées que lui en intelligence et plus expérimentées dans la pratique du spiritisme. C'est principalement à la négligence impardonnable de faire contrôler ses communications, que le médium novice ou peu intelligent tombe d'abord dans la *fascination* (lorsqu'un Esprit inférieur lui fait trouver belles ou sublimes des choses ridicules); *l'obsession* (lorsque cet Esprit ou d'autres du même ordre s'imposent à lui par leur constante communication), et enfin dans la *subjugation* ou *possession* (lorsque par l'empire graduel qu'ont pris ces Esprits sur son individualité, le corps lui-même se trouve *maîtrisé* et empêché dans la libre faculté de ses mouvements !) je donne le remède préventif : celui qui succombera l'aura voulu.

Il arrive néanmoins que des médiums très-instruits, expérimentés et qui ne sont nullement dupes de ces mystifications et manœuvres, se trouvent *obsédés* par la constante communication qu'ils ont malgré eux, avec les Esprits inférieurs. Cet état est fort désagréable évidemment ; mais il ne saurait être un danger : c'est une épreuve. Dans ce cas, il suffira à ce médium d'interrompre momentanément l'exercice de sa faculté et d'élever son moral par de bonnes œuvres ainsi que la pratique des vertus. Ces Esprits se lassent alors d'attendre et se retirent ; s'ils reviennent ensuite à la charge, ils trouvent la porte mieux gardée parce que le moral est meilleur, et ils s'en vont définitivement, confus, terrassés. C'est un combat d'Esprit à Esprit : la victoire réside dans la somme plus ou moins forte des bonnes actions, des bonnes œuvres.

Nous considérons généralement comme une épreuve, mais une épreuve pouvant devenir un écueil et un danger, les tapages nocturnes ou diurnes que les frappeurs, légers ou autres inférieurs, ne se privent pas de faire entendre à certains médiums, surtout les sensitifs. Parfois même, afin de les effrayer, ils se montrent à eux sous des dehors repoussants, bouleversent les mille objets qui se trouvent à leur portée ou les influencent physiquement, c'est-à-dire qu'ils peuvent faire sentir leur présence par des impressions très-désagréables et secouer le corps de ces médiums ni plus ni moins que pourrait le faire un homme vivant. Enfin, tant d'autres tracasseries qu'il serait trop long d'énumérer.

Au cas où vous seraient réservées des épreuves semblables, prenez votre courage à deux mains et dites-vous : Qu'ai-je à craindre ? Priez avec ferveur et faites sentir à ces Esprits, par une tenue ferme, digne et noble, que vous n'êtes pas le jouet de leurs tentatives. A ce propos, je dois faire observer que certains adeptes se conduisent dans ces circonstances tout différemment de ce qu'il faudrait pour se débarrasser de ces hôtes incommodes ; fiers d'eux-mêmes et confiants en une force de caractère qui n'est souvent que factice et le résultat d'une peur concentrée, ils apostrophent ces Esprits et leur commandent comme à des cochers de fiacre. C'est un très-mauvais moyen ; si vous les repoussez ainsi une fois, ils reviendront en nombre et vous finirez peut-être par succomber sous la vengeance de leur amour-propre blessé. La meilleure manière de s'en débarrasser, c'est de prier avec ferveur, de mettre sa confiance en Dieu, les bons Esprits et son guide protecteur. Puis on évoque un de ces tapageurs pour lui demander dans quel but s'opèrent ces bruits ; souvent vous verrez que c'était pour se recommander à vos prières ; il ne s'agira dès lors que de faire droit à leur demande. S'il n'était question que d'Esprits légers ou frappeurs, vous pouvez agir sans façon avec eux, rire d'abord de leur tapage, de la frayeur qu'ils s'imaginent vous occasionner, et puis enfin leur faire comprendre que vous seriez bien aise d'avoir la paix. Si vous savez vous y prendre, vous l'obtiendrez instantanément.

Enfin, il existe un moyen purement matériel et souvent un des plus efficaces pour empêcher les bruits nocturnes, ou du moins en diminuer l'intensité d'une manière sensible : c'est tout simplement de maintenir de la lumière dans la pièce où l'on repose. L'homme, alors qu'il se trouve isolé et dans l'obscurité, se laisse facilement aller à un sentiment inexprimable de malaise général et qu'il ne peut toujours dominer. Ce sentiment de malaise se traduit quelquefois chez des natures faibles, à imagination vive, ou puissamment sensitives, en une peur très-réelle ; les Esprits farceurs ou méchants profitent de cette tendance, font de leur mieux pour lui donner un corps factice et la changer en véritable effroi. Ils aiment à rire de nos frayeurs ou triompher de leurs méfaits. Or, la lumière réjouit le moral, lui donne des forces et enlève aux Esprits inférieurs un puissant moyen de produire des illusions d'optique. La tendance à la peur ou la peur elle-même n'existant plus ou fort peu, et les Esprits n'ayant plus à leur aide les mêmes ressources pour arriver au but qu'ils se proposent, se retirent ou n'essaient pas sérieusement de lutter.

Je ne prétends pas dire par là que les invisibles ne puissent produire et ne produisent de véritables tapages diurnes ou nocturnes malgré la lumière ; mais j'établis certainement une règle qui souffre peu d'exceptions.

La suspension momentanée ou la suppression complète de la médiumnité sont une épreuve ou une punition ; dans le premier cas, espérez et priez ; dans le second, humiliez-vous et implorez le pardon.

Les découragements, les déceptions, les noirs de l'âme, etc., etc., ne font pas plus défaut aux médiums qu'à tout autre mortel. Qu'il se dise en lui-même dans les diverses épreuves de la vie : Les Esprits inférieurs sont autour de moi ! Cette idée seule, s'il est *vrai* spirite, lui donnera la force et le courage de vaincre ces épreuves.

Quiconque se conformera strictement aux instructions contenues dans cet opuscule, ne saurait succomber à l'œuvre : Quand on suit la ligne droite, on ne trébuche point à la borne du chemin ; mais,

> A vaincre sans péril, on triomphe sans gloire !

et le médium qui jetterait le manche après la cognée pour les quelques épreuves que Dieu lui réserve peut-être, ne sera pas digne de sa mission.

Dans toute circonstance pénible, qu'il se dise : La récompense sera jaugée à l'aune de la peine !

FIN.

Voir au verso.

Nous donnons deux formules, dont l'une est applicable à la prière que doivent faire les médiums avant l'appel d'un Esprit, et l'autre à cet appel lui-même ou évocation. Comme nous l'avons fait observer dans le travail qui précède, ces formules n'ont rien d'absolu : chacun peut les varier à son gré, selon que lui dicte son cœur; mais nous avons cru faire plaisir à certains en donnant ici un spécimen.

PRIÈRE DES MÉDIUMS

PRÉPARATOIRE A L'ÉVOCATION.

Nous prions le Seigneur tout-puissant et juste d'écarter de nous les mauvais Esprits qui voudraient nous induire en erreur, ainsi que ceux qui, sans nous être nuisibles, ne seraient d'aucune utilité à nos travaux ou à notre avancement vers le bien.

Nous vous supplions, ô mon Dieu, de nous adresser vos bons Esprits, pour qu'ils nous dévoilent vos divines lois, nous conduisent dans le droit chemin et nous fassent arriver jusqu'à vous.

Souverain Maître du ciel et de la terre, exaucez la prière de vos enfants, et faites que nous nous montrions dignes de vos bontés ; faites que l'orgueil trouve nos cœurs fermés, et que l'humilité comme la conscience de notre faiblesse soient toujours présentes à nos yeux !

FORMULE D'ÉVOCATION.

Je prie le Dieu tout-puissant de prêter l'oreille à ma supplique et de permettre à un bon Esprit (ou l'Esprit d'un tel) de venir jusqu'à moi et de me faire écrire sous son influence

LYON. — IMPRIMERIE DE B. BOURSY, RUE MERCIÈRE, 92.

www.ingramcontent.com/pod-product-compliance
Lightning Source LLC
LaVergne TN
LVHW021640170726
843501LV00007B/2324